Marcel Proust

Notes
Sur la lecture

Sur la lecture

suivi de

Journées de lecture

Du même auteur

Les Plaisirs et les Jours, 1896
Du côté de chez Swann, 1913
À l'ombre des jeunes filles en fleurs, 1919
Pastiches et Mélanges, 1919
Le Côté de Guermantes, tome 1, 1920
Le Côté de Guermantes, tome 2, 1921
Sodome et Gomorrhe, tome 1, 1921
Sodome et Gomorrhe, tome 2, 1922
La Prisonnière, 1923
Albertine disparue, 1925
Le Temps retrouvé, 1927
Jean Santeuil (1895-1899), 1952
Contre Sainte-Beuve (1907), 1954

Copyright © 2022 Marcel Proust

Édition : BoD – Books on Demand,

12/14 rond-point des Champs-Élysées,

75008 Paris.

Impression : BoD - Books on Demand,

Norderstedt, Allemagne.

ISBN : 9782322411696

Dépôt légal : janvier 2022

Tous droits réservés

Sur la lecture

À Madame la Princesse Alexandre de Caraman-Chimay, dont les Notes sur Florence *auraient fait les délices de Ruskin, je dédie respectueusement, comme un hommage de ma profonde admiration pour elle, ces pages que j'ai recueillies parce qu'elles lui ont plu.*

M. P.

Il n'y a peut-être pas de jours de notre enfance que nous ayons si pleinement vécus que ceux que nous avons cru laisser sans les vivre, ceux que nous avons passés avec un livre préféré. Tout ce qui, semblait-il, les remplissait pour les autres, et que nous écartions comme un obstacle vulgaire à un plaisir divin : le jeu pour lequel un ami venait nous chercher au passage le plus intéressant, l'abeille ou le rayon de soleil gênants qui nous forçaient à lever les yeux de sur la page ou à changer de place, les provisions de goûter qu'on nous avait fait emporter et que nous laissions à côté de nous sur le banc, sans y toucher, tandis que, au-dessus de notre tête, le soleil diminuait de force dans le ciel bleu, le dîner pour lequel il avait fallu rentrer et où nous ne pensions qu'à monter finir, tout de suite après, le chapitre interrompu, tout cela, dont la lecture aurait dû nous empêcher de percevoir autre chose que l'importunité, elle en gravait au contraire en nous un souvenir tellement doux (tellement plus précieux à notre jugement actuel, que ce que nous lisions alors avec tant d'amour), que, s'il nous arrive encore aujourd'hui de feuilleter ces livres d'autrefois, ce n'est plus que comme les seuls calendriers que nous ayons gardés des jours enfuis, et avec l'espoir de voir reflétés sur leurs pages les demeures et les étangs qui n'existent plus.

Qui ne se souvient comme moi de ces lectures faites au temps des vacances, qu'on allait cacher successivement dans toutes celles des heures du jour qui étaient assez paisibles et assez inviolables pour pouvoir leur donner asile. Le matin, en rentrant du parc, quand tout le monde était parti « faire une promenade », je me glissais dans la salle à manger où, jusqu'à l'heure encore lointaine du déjeuner, personne n'entrerait que la vieille Félicie relativement silencieuse, et où je n'aurais pour compagnons, très respectueux de la lecture, que les assiettes peintes accrochées au mur, le calendrier dont la feuille de la veille avait été fraîchement arrachée, la pendule et le feu qui parlent sans demander qu'on leur réponde et dont les doux propos vides de sens ne viennent pas, comme les paroles des hommes, en substituer un différent à celui des mots que vous lisez. Je m'installais sur une chaise, près du petit feu de bois, dont, pendant le déjeuner, l'oncle matinal et jardinier dirait : « Il ne fait pas de mal ! On supporte très bien un peu de feu ; je vous assure qu'à six heures il faisait joliment froid dans le potager. Et dire que c'est dans huit jours Pâques ! » Avant le déjeuner qui, hélas ! mettrait fin à la lecture, on avait encore deux grandes heures. De temps en temps, on entendait le bruit de la pompe d'où l'eau allait découler et qui vous faisait lever les yeux vers elle et la regarder à travers la fenêtre fermée, là, tout près, dans l'unique allée du jardinet qui bordait de briques et de faïences en demi-lunes ses plates-bandes de pensées :

des pensées cueillies, semblait-il, dans ces ciels trop beaux, ces ciels versicolores et comme reflétés des vitraux de l'église qu'on voyait parfois entre les toits du village, ciels tristes qui apparaissaient avant les orages, ou après, trop tard, quand la journée allait finir. Malheureusement la cuisinière venait longtemps d'avance mettre le couvert ; si encore elle l'avait mis sans parler ! Mais elle croyait devoir dire : « Vous n'êtes pas bien comme cela ; si je vous approchais une table ? » Et rien que pour répondre : « Non, merci bien », il fallait arrêter net et ramener de loin sa voix qui, en dedans des lèvres, répétait sans bruit, en courant, tous les mots que les yeux avaient lus ; il fallait l'arrêter, la faire sortir, et, pour dire convenablement : « Non, merci bien », lui donner une apparence de vie ordinaire, une intonation de réponse, qu'elle avait perdues. L'heure passait ; souvent, longtemps avant le déjeuner, commençaient à arriver dans la salle à manger ceux qui, étant fatigués, avaient abrégé la promenade, avaient « pris par Méséglise », ou ceux qui n'étaient pas sortis ce matin-là, « ayant à écrire ». Ils disaient bien : « Je ne veux pas te déranger », mais commençaient aussitôt à s'approcher du feu, à consulter l'heure, à déclarer que le déjeuner ne serait pas mal accueilli. On entourait d'une particulière déférence celui ou celle qui était « resté à écrire » et on lui disait : « Vous avez fait votre petite correspondance » avec un sourire où il y avait du respect, du mystère, de la paillardise et des ménagements, comme si cette « petite correspondance » avait été à la fois un secret d'état, une prérogative, une bonne fortune et une indisposition. Quelques-uns, sans plus attendre, s'asseyaient d'avance à table, à leurs places. Cela, c'était la désolation, car ce serait d'un mauvais exemple pour les autres arrivants, aller faire croire qu'il était déjà midi, et prononcer trop tôt à mes parents la parole fatale : « Allons, ferme ton livre, on va déjeuner. » Tout était prêt, le couvert était entièrement mis sur la nappe où manquait seulement ce qu'on n'apportait qu'à la fin du repas, l'appareil en verre où l'oncle horticulteur et cuisinier faisait lui-même le café à table, tubulaire et compliqué comme un instrument de physique qui aurait senti bon et où c'était si agréable de voir monter dans la cloche de verre l'ébullition soudaine qui laissait ensuite aux parois embuées une cendre odorante et brune ; et aussi la crème et les fraises que le même oncle mêlait, dans des proportions toujours identiques, s'arrêtant juste au rose qu'il fallait avec l'expérience d'un coloriste et la divination d'un gourmand. Que le déjeuner me paraissait long ! Ma grand'tante ne faisait que goûter aux plats pour donner son avis avec une douceur qui supportait, mais n'admettait pas la contradiction. Pour un roman, pour des vers, choses où elle se connaissait très bien, elle s'en remettait toujours, avec une humilité de femme, à l'avis de plus compétents. Elle pensait que c'était là le domaine flottant du caprice où le goût d'un seul ne peut pas fixer la vérité. Mais sur les choses dont les règles et les principes lui avaient été enseignés par sa mère sur la manière de faire certains plats, de jouer les sonates de Beethoven et de recevoir avec amabilité, elle était certaine d'avoir une idée juste de la perfection et de discerner si les autres s'en rapprochaient plus ou moins. Pour les trois choses, d'ailleurs, la perfection était presque la même : c'était une sorte de simplicité dans les moyens, de sobriété et de charme. Elle repoussait avec horreur qu'on mît des épices dans les plats qui n'en exigent pas absolument, qu'on jouât avec affectation et abus de pédales, qu'en « recevant » on sortît d'un naturel parfait et parlât de soi avec exagération. Dès la première bouchée, aux premières notes, sur un simple billet, elle avait la prétention de savoir si elle avait affaire à une bonne cuisinière, à un vrai musicien, à une femme bien élevée. « Elle peut avoir beaucoup plus de doigts que moi, mais elle manque de goût en jouant avec tant d'emphase cet andante si simple. » « Ce peut être une femme très brillante et remplie de qualités, mais c'est un manque de tact de parler de soi en cette circonstance. » « Ce peut être une cuisinière très savante, mais elle ne sait pas faire le bifteck aux pommes. » Le bifteck aux pommes ! morceau de concours idéal, difficile par sa simplicité même, sorte de *Sonate pathétique* de la cuisine, équivalent gastronomique de ce qu'est dans la vie sociale la visite de la dame qui vient vous demander des renseignements sur un domestique et qui, dans un acte si simple, peut à tel point faire preuve, ou manquer, de tact et d'éducation. Mon grand-père avait tant d'amour-propre qu'il aurait voulu que tous les plats fussent réussis, et s'y connaissait trop peu en cuisine pour jamais savoir quand ils étaient manqués. Il voulait bien admettre qu'ils le fussent parfois, très rarement d'ailleurs, mais seulement par un pur effet du hasard. Les critiques toujours motivées de ma grand'tante, impliquant au contraire que la cuisinière n'avait pas su faire tel plat, ne pouvaient manquer de paraître particulièrement intolérables à mon grand-père. Souvent, pour éviter des discussions avec lui, ma grand'tante, après avoir goûté du bout des lèvres, ne donnait pas son avis, ce qui, d'ailleurs, nous faisait connaître immédiatement qu'il était défavorable. Elle se taisait, mais nous lisions dans ses yeux doux une désapprobation inébranlable et réfléchie qui avait le don de mettre mon grand-père en fureur. Il la priait ironiquement de donner son avis, s'impatientait de son silence, la pressait de questions, s'emportait, mais on sentait qu'on l'aurait conduite au martyre plutôt que de lui faire confesser la croyance de mon grand-père : que l'entremets n'était pas trop sucré.

Après le déjeuner, ma lecture reprenait tout de suite ; surtout si la journée était un peu chaude, on montait « se retirer dans sa chambre », ce qui me permettait, par le petit escalier aux marches rapprochées, de gagner tout de suite la mienne, à l'unique étage si bas que des fenêtres enjambées on n'aurait eu qu'un saut d'enfant à faire, pour se trouver dans la rue. J'allais fermer ma fenêtre sans avoir pu esquiver le salut de l'armurier d'en face, qui, sous prétexte de baisser ses auvents, venait tous les jours après déjeuner fumer sa cigarette devant sa porte et dire bonjour aux passants, qui, parfois, s'arrêtaient à causer. Les théories de William Morris, qui ont été si constamment appliquées par Maple et les décorateurs anglais, édictent qu'une chambre n'est belle qu'à la condition de contenir seulement des choses qui nous soient utiles et que toute chose utile, fût-ce un simple clou, soit non pas dissimulée, mais apparente. Au-dessus du lit à tringles de cuivre et entièrement découvert, aux murs nus de ces chambres hygiéniques, quelques reproductions de chefs-d'œuvre. À la juger d'après les principes de cette esthétique, ma chambre n'était nullement belle, car elle était pleine de choses qui ne pouvaient servir à rien et qui dissimulaient pudiquement, jusqu'à en rendre l'usage extrêmement difficile, celles qui servaient à quelque chose. Mais c'est justement de ces choses qui n'étaient pas là pour ma commodité, mais semblaient y être venues pour leur plaisir, que ma chambre tirait pour moi sa beauté. Ces hautes courtines blanches qui dérobaient aux regards le lit placé comme au fond d'un sanctuaire ; la jonchée de couvre-pieds en marceline, de courtes-pointes à fleurs, de couvre-lits brodés, de taies d'oreiller en batiste, sous laquelle il disparaissait le jour, comme un autel au mois de Marie sous les festons et les fleurs, et que, le soir, pour pouvoir me coucher, j'allais poser avec précaution sur un fauteuil où ils consentaient à passer la nuit ; à côté du lit, la trinité du verre à dessins bleus, du sucrier pareil et de la carafe (toujours vide depuis le lendemain de mon arrivée sur l'ordre de ma tante qui craignait de me la voir « répandre »), sortes d'instruments du culte – presque aussi saints que la précieuse liqueur de fleur d'oranger placée près d'eux dans une ampoule de verre – que je n'aurais pas cru plus permis de profaner ni même possible d'utiliser pour mon usage personnel que si ç'avaient été des ciboires consacrés, mais que je considérais longuement avant de me déshabiller, dans la peur de les renverser par un faux mouvement ; ces petites étoles ajourées au crochet qui jetaient sur le dos des fauteuils un manteau de roses blanches qui ne devaient pas être sans épines, puisque, chaque fois que j'avais fini de lire et que je voulais me lever, je m'apercevais que j'y étais resté accroché ; cette cloche de verre, sous laquelle, isolée des contacts vulgaires, la pendule bavardait dans l'intimité pour des coquillages venus de loin et pour une vieille fleur sentimentale, mais qui était si lourde à soulever que, quand la pendule s'arrêtait, personne, excepté l'horloger, n'aurait été assez imprudent pour entreprendre de la remonter ; cette blanche nappe en guipure qui, jetée comme un revêtement d'autel sur la commode ornée de deux vases, d'une image du Sauveur et d'un buis bénit, la faisait ressembler à la Sainte Table (dont un prie-Dieu, rangé là tous les jours, quand on avait « fini la chambre », achevait d'évoquer l'idée), mais dont les effilochements toujours engagés dans la fente des tiroirs en arrêtaient si complètement le jeu que je ne pouvais jamais prendre un mouchoir sans faire tomber d'un seul coup image du Sauveur, vases sacrés, buis bénit, et sans trébucher moi-même en me rattrapant au prie-Dieu ; cette triple superposition enfin de petits rideaux d'étamine, de grands rideaux de mousseline et de plus grands rideaux de basin, toujours souriants dans leur blancheur d'aubépine souvent ensoleillée, mais au fond bien agaçants dans leur maladresse et leur entêtement à jouer autour de leurs barres de bois parallèles et à se prendre les uns dans les autres et tous dans la fenêtre dès que je voulais l'ouvrir ou la fermer, un second étant toujours prêt, si je parvenais à en dégager un premier, à venir prendre immédiatement sa place dans les jointures aussi parfaitement bouchées par eux qu'elles l'eussent été par un buisson d'aubépines réelles ou par des nids d'hirondelles qui auraient eu la fantaisie de s'installer là, de sorte que cette opération, en apparence si simple, d'ouvrir ou de fermer ma croisée, je n'enverrais jamais à bout sans le secours de quelqu'un de la maison ; toutes ces choses, qui non seulement ne pouvaient répondre à aucun de mes besoins, mais apportaient même une entrave, d'ailleurs légère, à leur satisfaction, qui évidemment n'avaient jamais été mises là pour l'utilité de quelqu'un, peuplaient ma chambre de pensées en quelque sorte personnelles, avec cet air de prédilection, d'avoir choisi de vivre là et de s'y plaire, qu'ont souvent, dans une clairière, les arbres, et, au bord des chemins ou sur les vieux murs, les fleurs. Elles la remplissaient d'une vie silencieuse et diverse, d'un mystère où ma personne se trouvait à la fois perdue et charmée ; elles faisaient de cette chambre une sorte de chapelle où le soleil — quand il traversait les petits carreaux rouges que mon oncle avait intercalés au haut des fenêtres — piquait sur les murs, après avoir rosé l'aubépine des rideaux, des lueurs aussi étranges que si la petite chapelle avait été enclose dans une plus grande nef à vitraux ; et où le bruit des cloches arrivait si retentissant à cause de la proximité de notre maison et de l'église, à laquelle d'ailleurs, aux grandes fêtes, les reposoirs nous liaient par un chemin de fleurs, que je pouvais imaginer qu'elles étaient sonnées dans notre toit, juste au-dessus de la fenêtre d'où je saluais souvent le curé tenant son bréviaire, ma tante revenant de vêpres ou l'enfant de chœur qui nous portait du pain bénit. Quant à la photographie par Brown du *Printemps* de Botticelli ou au moulage de *La Femme inconnue* du musée de Lille, qui, aux murs et sur la cheminée des chambres de Maple, sont la part concédée par William Morris à l'inutile beauté, je dois avouer qu'ils étaient remplacés dans ma chambre par une sorte de gravure représentant le prince Eugène, terrible et beau dans son dolman, et que je fus très étonné d'apercevoir une nuit, dans un grand fracas de locomotives et de grêle, toujours terrible et beau, à la porte d'un buffet de gare, où il servait de réclame à une spécialité de biscuits. Je soupçonne aujourd'hui mon grand-père de l'avoir autrefois reçu, comme prime, de la munificence d'un fabricant, avant de l'installer à jamais dans ma chambre. Mais alors je ne me souciais pas de son origine, qui me paraissait historique et mystérieuse et je ne m'imaginais pas qu'il pût y avoir plusieurs exemplaires de ce que je considérais comme une personne, comme un habitant permanent de la chambre que je ne faisais que partager avec lui et où je le retrouvais tous les ans, toujours pareil à lui-même. Il y a maintenant bien longtemps que je ne l'ai vu, et je suppose que je ne le reverrai jamais. Mais si une telle fortune m'advenait, je crois qu'il aurait bien plus de choses à me dire que *Le Printemps* de Botticelli. Je laisse les gens de goût orner leur demeure avec la reproduction des chefs-d'œuvre qu'ils admirent et décharger leur mémoire du soin de leur conserver une image précieuse en la confiant à un cadre de bois sculpté. Je laisse les gens de goût faire de leur chambre l'image même de leur goût et la remplir seulement de choses qu'ils puissent approuver. Pour moi, je ne me sens vivre et penser que dans une chambre où tout est la création et le langage de vies profondément différentes de la mienne, d'un goût opposé au mien, où je ne retrouve rien de ma pensée consciente, où mon imagination s'exalte en se sentant plongée au sein du non-moi ; je ne me sens heureux qu'en mettant le pied – avenue de la Gare, sur le Port, ou place de l'Église – dans un de ces hôtels de province aux longs corridors froids où le vent du dehors lutte avec succès contre les efforts du calorifère, où la carte de géographie détaillée de l'arrondissement est encore le seul ornement des murs, où chaque bruit ne sert qu'à faire apparaître le silence en le déplaçant, où les chambres gardent un parfum de renfermé que le grand air vient laver, mais n'efface pas, et que les narines aspirent cent fois pour l'apporter à l'imagination, qui s'en enchante, qui le fait poser comme un modèle pour essayer de le recréer en elle avec tout ce qu'il contient de pensées et de souvenir ; où le soir, quand on ouvre la porte de sa chambre, on a le sentiment de violer toute la vie qui y est restée éparse, de la prendre hardiment par la main quand, la porte refermée, on entre plus avant, jusqu'à la table ou jusqu'à la fenêtre ; de s'asseoir dans une sorte de libre promiscuité avec elle sur le canapé exécuté par le tapissier du chef-lieu dans ce qu'il croyait le goût de Paris ; de toucher partout la nudité de cette vie dans le dessein de se troubler soi-même par sa propre familiarité, en posant ici et là ses affaires, en jouant le maître dans cette chambre pleine jusqu'aux bords de l'âme des autres et qui garde jusque dans la forme des chenets et le dessin des rideaux l'empreinte de leur rêve, en marchant pieds nus sur son tapis inconnu ; alors, cette vie secrète, on a le sentiment de l'enfermer avec soi quand on va, tout tremblant, tirer le verrou ; de la pousser devant soi dans le lit et de coucher enfin avec elle dans les grands draps blancs qui vous montent par-dessus la figure, tandis que, tout près, l'église sonne pour toute la ville les heures d'insomnie des mourants et des amoureux.

Je n'étais pas depuis bien longtemps à lire dans ma chambre qu'il fallait aller au parc, à un kilomètre du village[1]. Mais après le jeu obligé, j'abrégeais la fin du goûter apporté dans des paniers et distribué aux enfants au bord de la rivière, sur l'herbe où le livre avait été posé avec défense de le prendre encore. Un peu plus loin, dans certains fonds assez incultes et assez mystérieux du parc, la rivière cessait d'être une eau rectiligne et artificielle, couverte de cygnes et bordée d'allées où souriaient des statues, et, par moment sautelante de carpes, se précipitait, passait à une allure rapide la clôture du parc, devenait une rivière dans le sens géographique du mot – une rivière qui devait avoir un nom, – et ne tardait pas à s'épandre (la même vraiment qu'entre les statues et sous les cygnes ?) entre des herbages où dormaient des bœufs et dont elle noyait les boutons-d'or, sortes de prairies rendues par elle assez marécageuses et qui, tenant d'un côté au village par des tours informes, restes, disait-on, du Moyen Âge, joignaient de l'autre, par des chemins montants d'églantiers et d'aubépines, la « nature » qui s'étendait à l'infini, des villages qui avaient d'autres noms, l'inconnu. Je laissais les autres finir de goûter dans le bas du parc, au bord des cygnes, et je montais en courant dans le labyrinthe, jusqu'à telle charmille où je m'asseyais, introuvable, adossé aux noisetiers taillés, apercevant le plant d'asperges, les bordures de fraisiers, le bassin où, certains jours, les chevaux faisaient monter l'eau en tournant, la porte blanche qui était la « fin du parc » en haut, et au-delà, les champs de bleuets et de coquelicots. Dans cette charmille, le silence était profond, le risque d'être découvert presque nul, la sécurité rendue plus douce par les cris éloignés qui, d'en bas, m'appelaient en vain, quelquefois même se rapprochaient, montaient les premiers talus, cherchant partout, puis s'en retournaient, n'ayant pas trouvé ; alors plus aucun bruit ; seul de temps en temps le son d'or des cloches qui au loin, par-delà les plaines, semblait tinter derrière le ciel bleu, aurait pu m'avertir de l'heure qui passait ; mais, surpris par sa douceur et troublé par le silence plus profond, vidé des derniers sons, qui le suivait, je n'étais jamais sûr du nombre des coups. Ce n'était pas les cloches tonnantes qu'on entendait en rentrant dans le village – quand on approchait de l'église qui, de près, avait repris sa taille haute et raide, dressant sur le bleu du soir son capuchon d'ardoise ponctué de corbeaux – faire voler le son en éclats sur la place

« pour les biens de la terre ». Elles n'arrivaient au bout du parc que faibles et douces et ne s'adressant pas à moi, mais à toute la campagne, à tous les villages, aux paysans isolés dans leur champ, elles ne me forçaient nullement à lever la tête, elles passaient près de moi, portant l'heure aux pays lointains, sans me voir, sans me connaître et sans me déranger.

Et quelquefois à la maison, dans mon lit, longtemps après le dîner, les dernières heures de la soirée abritaient aussi ma lecture, mais cela, seulement les jours où j'étais arrivé aux derniers chapitres d'un livre, où il n'y avait plus beaucoup à lire pour arriver à la fin. Alors, risquant d'être puni si j'étais découvert et l'insomnie qui, le livre fini, se prolongerait peut-être toute la nuit, dès que mes parents étaient couchés je rallumais ma bougie ; tandis que, dans la rue toute proche, entre la maison de l'armurier et la poste, baignées de silence, il y avait plein d'étoiles au ciel sombre et pourtant bleu, et qu'à gauche, sur la ruelle exhaussée où commençait en tournant son ascension surélevée, on sentait veiller, monstrueuse et noire, l'abside de l'église dont les sculptures la nuit ne dormaient pas, l'église villageoise et pourtant historique, séjour magique du Bon Dieu, de la brioche bénite, des saints multicolores et des dames des châteaux voisins qui, les jours de fête, faisant, quand elles traversaient le marché, piailler les poules et regarder les commères, venaient à la messe « dans leurs attelages », non sans acheter au retour, chez le pâtissier de la place, juste après avoir quitté l'ombre du porche où les fidèles en poussant la porte à tambour semaient les rubis errants de la nef, quelques-uns de ces gâteaux en forme de tours, protégés du soleil par un store, – « manqués », « saint-honorés » et « génoises », – dont l'odeur oisive et sucrée est restée mêlée pour moi aux cloches de la grand'messe et à la gaieté des dimanches.

Puis la dernière page était lue, le livre était fini. Il fallait arrêter la course éperdue des yeux et de la voix qui suivait sans bruit, s'arrêtant seulement pour reprendre haleine, dans un soupir profond. Alors, afin de donner aux tumultes depuis trop longtemps déchaînés en moi pour pouvoir se calmer ainsi d'autres mouvements à diriger, je me levais, je me mettais à marcher le long de mon lit, les yeux encore fixés à quelque point qu'on aurait vainement cherché dans la chambre ou dehors, car il n'était situé qu'à une distance d'âme, une de ces distances qui ne se mesurent pas par mètres et par lieues, comme les autres, et qu'il est d'ailleurs impossible de confondre avec elles quand on regarde les yeux « lointains » de ceux qui pensent « à autre chose ». Alors, quoi ? ce livre, ce n'était que cela ? Ces êtres à qui on avait donné plus de son attention et de sa tendresse qu'aux gens de la vie, n'osant pas toujours avouer à quel point on les aimait, et même quand nos parents nous trouvaient en train de lire et avaient l'air de sourire de notre émotion, fermant le livre, avec une indifférence affectée ou un ennui feint ; ces gens pour qui on avait haleté et sangloté, on ne les verrait plus jamais, on ne saurait plus rien d'eux. Déjà, depuis quelques pages, l'auteur, dans le cruel « Épilogue », avait eu soin de les « espacer » avec une indifférence incroyable pour qui savait l'intérêt avec lequel il les avait suivis jusque-là pas à pas. L'emploi de chaque heure de leur vie nous avait été narré. Puis subitement : « Vingt ans après ces événements on pouvait rencontrer dans les rues de Fougères[2] un vieillard encore droit, etc. » Et le mariage dont deux volumes avaient été employés à nous faire entrevoir la possibilité délicieuse, nous effrayant puis nous réjouissant de chaque obstacle dressé puis aplani, c'est par une phrase incidente d'un personnage secondaire que nous apprenions qu'il avait été célébré, nous ne savions pas au juste quand, dans cet étonnant épilogue écrit, semblait-il, du haut du ciel, par une personne indifférente à nos passions d'un jour, qui s'était substituée à l'auteur. On aurait tant voulu que le livre continuât, et, si c'était impossible, avoir d'autres renseignements sur tous ces personnages, apprendre maintenant quelque chose de leur vie, employer la nôtre à des choses qui ne fussent pas tout à fait étrangères à l'amour qu'ils nous avaient inspiré[3] et dont l'objet nous faisait tout à coup défaut, ne pas avoir aimé en vain, pour une heure, des êtres qui demain ne seraient plus qu'un nom sur une page oubliée, dans un livre sans rapport avec la vie et sur la valeur duquel nous nous étions bien mépris puisque son lot ici-bas, nous le comprenions maintenant et nos parents nous l'apprenaient au besoin d'une phrase dédaigneuse, n'était nullement, comme nous l'avions cru, de contenir l'univers et la destinée, mais d'occuper une place fort étroite dans la bibliothèque du notaire, entre les fastes sans prestige du *Journal de Modes illustré* et de *La Géographie d'Eure-et-Loir*...

… Avant d'essayer de montrer au seuil des « Trésors des Rois », pourquoi à mon avis la Lecture ne doit pas jouer dans la vie le rôle prépondérant que lui assigne Ruskin dans ce petit ouvrage, je devais mettre hors de cause les charmantes lectures de l'enfance dont le souvenir doit rester pour chacun de nous une bénédiction. Sans doute je n'ai que trop prouvé par la longueur et le caractère du développement qui précède ce que j'avais d'abord avancé d'elles : que ce qu'elles laissent surtout en nous, c'est l'image des lieux et des jours où nous les avons faites. Je n'ai pas échappé à leur sortilège : voulant parler d'elles, j'ai parlé de toute autre chose que des livres parce que ce n'est pas d'eux qu'elles m'ont parlé. Mais peut-être les souvenirs qu'elles m'ont l'un après l'autre rendus en auront-ils eux-mêmes éveillé chez le lecteur et l'auront-ils peu à peu amené, tout en s'attardant dans ces chemins fleuris et détournés, à recréer dans son esprit l'acte psychologique original appelé *Lecture* , avec assez de force pour pouvoir suivre maintenant comme au-dedans de lui-même les quelques réflexions qu'il me reste à présenter.

On sait que les « Trésors des Rois » est une conférence sur la lecture que Ruskin donna à l'Hôtel-de-Ville de Rusholme, près Manchester, le 6 décembre 1864 pour aider à la création d'une bibliothèque à l'institut de Rusholme. Le 14 décembre, il en prononçait une seconde, « Des Jardins des Reines » sur le rôle de la femme, pour aider à fonder des écoles à Ancoats. « Pendant toute cette année 1864, dit

M. Collingwood dans son admirable ouvrage *Life and Work of Ruskin*, il demeura *at home*, sauf pour faire de fréquentes visites à Carlyle. Et quand en décembre il donna à Manchester les cours qui, sous le nom de *Sésame et les Lys*, devinrent son ouvrage le plus populaire[4], nous pouvons discerner son meilleur état de santé physique et intellectuelle dans les couleurs plus brillantes de sa pensée. Nous pouvons reconnaître l'écho de ses entretiens avec Carlyle dans l'idéal héroïque, aristocratique et stoïque qu'il propose et dans l'insistance avec laquelle il revient sur la valeur des livres et des bibliothèques publiques, Carlyle étant le fondateur de la London Bibliothèque… »

Pour nous, qui ne voulons ici que discuter en elle-même, et sans nous occuper de ses origines historiques, la thèse de Ruskin, nous pouvons la résumer assez exactement par ces mots de Descartes que « la lecture de tous les bons livres est comme une conversation avec les plus honnêtes gens des siècles passés qui en ont été les auteurs ». Ruskin n'a peut-être pas connu cette pensée d'ailleurs un peu sèche du philosophe français, mais c'est elle en réalité qu'on retrouve partout dans sa conférence, enveloppée seulement dans un or apollinien où fondent des brumes anglaises, pareil à celui dont la gloire illumine les paysages de son peintre préféré. « À supposer, dit-il, que nous ayons, et la volonté et l'intelligence de bien choisir nos amis, combien peu d'entre nous en ont le pouvoir, combien est limitée la sphère de nos choix. Nous ne pouvons connaître qui nous voudrions… Nous pouvons par une bonne fortune entrevoir un grand poète et entendre le son de sa voix, ou poser une question à un homme de science qui nous répondra aimablement. Nous pouvons usurper dix minutes d'entretien dans le cabinet d'un ministre, avoir une fois dans notre vie le privilège d'arrêter le regard d'une reine. Et pourtant ces hasards fugitifs nous les convoitons, nous dépensons nos années, nos passions et nos facultés à la poursuite d'un peu moins que cela, tandis que, durant ce temps, il y a une société qui nous est continuellement ouverte, de gens qui nous parleraient aussi longtemps que nous le souhaiterions, quel que soit notre rang. Et cette société, parce qu'elle est si nombreuse et si douce et que nous pouvons la faire attendre près de nous toute une journée – rois et hommes d'État attendent patiemment non pour accorder une audience, mais pour l'obtenir – nous n'allons jamais la chercher dans ces antichambres simplement meublées que sont les rayons de nos bibliothèques, nous n'écoutons jamais un mot de ce qu'ils auraient à nous dire[5] . » « Vous me direz peut-être, ajoute Ruskin, que si vous aimez mieux causer avec des vivants, c'est que vous voyez leur visage, etc. », et réfutant cette première objection, puis une seconde, il montre que la lecture est exactement une conversation avec des hommes beaucoup plus sages et plus intéressants que ceux que nous pouvons avoir l'occasion de connaître autour de nous. J'ai essayé de montrer dans les notes dont j'ai accompagné ce volume que la lecture ne saurait être ainsi assimilée à une conversation, fût-ce avec le plus sage des hommes ; que ce qui diffère essentiellement entre un livre et un ami, ce n'est pas leur plus ou moins grande sagesse, mais la manière dont on communique avec eux, la lecture, au rebours de la conversation, consistant pour chacun de nous à recevoir communication d'une autre pensée, mais tout en restant seul, c'est-à-dire en continuant à jouir de la puissance intellectuelle qu'on a dans la solitude et que la conversation dissipe immédiatement, en continuant à pouvoir être inspiré, à rester en plein travail fécond de l'esprit sur lui-même. Si Ruskin avait tiré les conséquences d'autres vérités qu'il a énoncées quelques pages plus loin, il est probable qu'il aurait rencontré une conclusion analogue à la mienne. Mais évidemment il n'a pas cherché à aller au cœur même de l'idée de *lecture*. Il n'a voulu, pour nous apprendre le prix de la lecture, que nous conter une sorte de beau mythe platonicien, avec cette simplicité des Grecs qui nous ont montré à peu près toutes les idées vraies et ont laissé aux scrupules modernes le soin de les approfondir. Mais si je crois que la lecture, dans son essence originale, dans ce miracle fécond d'une communication au sein de la solitude, est quelque chose de plus, quelque chose d'autre que ce qu'a dit Ruskin, je ne crois pas malgré cela qu'on puisse lui reconnaître dans notre vie spirituelle le rôle prépondérant qu'il semble lui assigner.

Les limites de son rôle dérivent de la nature de ses vertus. Et ces vertus, c'est encore aux lectures d'enfance que je vais aller demander en quoi elles consistent. Ce livre, que vous m'avez vu tout à l'heure lire au coin du feu dans la salle à manger, dans ma chambre, au fond du fauteuil revêtu d'un appuie-tête au crochet, et pendant les belles heures de l'après-midi, sous les noisetiers et les aubépines du parc, où tous les souffles des champs infinis venaient de si loin jouer silencieusement auprès de moi, tendant sans mot dire à mes narines distraites l'odeur des trèfles et des sainfoins sur lesquels mes yeux fatigués se levaient parfois, ce livre, comme vos yeux en se penchant vers lui ne pourraient déchiffrer son titre à vingt ans de distance, ma mémoire, dont la vue est plus appropriée à ce genre de perceptions, va vous dire quel il était : *Le Capitaine Fracasse*, de Théophile Gautier. J'en aimais par-dessus tout deux ou trois phrases qui m'apparaissaient comme les plus originales et les plus belles de l'ouvrage. Je n'imaginais pas qu'un autre auteur en eût jamais écrit de comparables. Mais j'avais le sentiment que leur beauté correspondait à une réalité dont Théophile Gautier ne nous laissait entrevoir, une ou deux fois par volume, qu'un petit coin. Et comme je pensais qu'il la connaissait assurément tout entière, j'aurais voulu lire d'autres livres de lui où toutes les phrases seraient aussi belles que celles-là et auraient pour objet les choses sur lesquelles j'aurais désiré avoir son avis. « Le rire n'est point cruel de sa nature ; il distingue l'homme de la bête, et il est, ainsi qu'il appert en l'*Odyssée* d'Homerus, poète grégeois, l'apanage des dieux immortels et bienheureux qui rient olympiennement tout leur saoul durant les loisirs de l'éternité[6]. » Cette phrase me donnait une véritable ivresse. Je croyais apercevoir une antiquité merveilleuse à travers ce Moyen Âge que seul Gautier pouvait me révéler. Mais j'aurais voulu qu'au lieu de dire cela furtivement après l'ennuyeuse description d'un château que le trop grand nombre de termes que je ne connaissais pas m'empêchait de me figurer le moins du monde, il écrivît tout le long du volume des phrases de ce genre et me parlât de choses qu'une fois son livre fini je pourrais continuer à connaître et à aimer. J'aurais voulu qu'il me dît, lui, le seul sage détenteur de la vérité, ce que je devais penser au juste de Shakespeare, de Saintine, de Sophocle, d'Euripe, de Silvio Pellico que j'avais lu pendant un mois de mars très froid, marchant, tapant des pieds, courant par les chemins, chaque fois que je venais de fermer le livre, dans l'exaltation de la lecture finie, des forces accumulées dans l'immobilité, et du vent salubre qui soufflait dans les rues du village. J'aurais voulu surtout qu'il me dît si j'avais plus de chance d'arriver à la vérité en redoublant ou non ma sixième et en étant plus tard diplomate ou avocat à la Cour de cassation. Mais aussitôt la belle phrase finie il se mettait à décrire une table couverte « d'une telle couche de poussière qu'un doigt aurait pu y tracer des caractères », chose trop insignifiante à mes yeux pour que je pusse même y arrêter mon attention ; et j'en étais réduit à me demander quels autres livres Gautier avait écrits qui contenteraient mieux mon aspiration et me feraient connaître enfin sa pensée tout entière.

Et c'est là, en effet, un des grands et merveilleux caractères des beaux livres (et qui nous fera comprendre le rôle à la fois essentiel et limité que la lecture peut jouer dans notre vie spirituelle) que pour l'auteur ils pourraient s'appeler « Conclusions », et pour le lecteur « Incitations ». Nous sentons très bien que notre sagesse commence où celle de l'auteur finit, et nous voudrions qu'il nous donnât des réponses, quand tout ce qu'il peut faire est de nous donner des désirs. Et ces désirs, il ne peut les éveiller en nous qu'en nous faisant contempler la beauté suprême à laquelle le dernier effort de son art lui a permis d'atteindre. Mais par une loi singulière et d'ailleurs providentielle de l'optique des esprits (loi qui signifie peut-être que nous ne pouvons recevoir la vérité de personne, et que nous devons la créer nous-même), ce qui est le terme de leur sagesse ne nous apparaît que comme le commencement de la nôtre, de sorte que c'est au moment où ils nous ont dit tout ce qu'ils pouvaient nous dire qu'ils font naître en nous le sentiment qu'ils ne nous ont encore rien dit. D'ailleurs, si nous leur posons des questions auxquelles ils ne peuvent pas répondre, nous leur demandons aussi des réponses qui ne nous instruiraient pas. Car c'est un effet de l'amour que les poètes éveillent en nous de nous faire attacher une importance littérale à des choses qui ne sont pour eux que significatives d'émotions personnelles. Dans chaque tableau qu'ils nous montrent, ils ne semblent nous donner qu'un léger aperçu d'un site merveilleux, différent du reste du monde, et au cœur duquel nous voudrions qu'ils nous fissent pénétrer. « Menez-nous », voudrions-nous pouvoir dire à M. Maeterlinck, à Mme de Noailles, « dans le jardin de Zélande où croissent les fleurs démodées », sur la route parfumée de trèfle et d'armoise », et dans tous les endroits de la terre dont vous ne nous avez pas parlé dans vos livres, mais que vous jugez aussi beaux que ceux-là. Nous voudrions aller voir ce champ que Millet (car les peintres nous enseignent à la façon des poètes) nous montre dans son *Printemps* , nous voudrions que M. Claude Monet nous conduisît à Giverny, au bord de la Seine, à ce coude de la rivière qu'il nous laisse à peine distinguer à travers la brume du matin. Or, en réalité, ce sont de simples hasards de relations ou de parenté, qui, en leur donnant l'occasion de passer ou de séjourner auprès d'eux, ont fait choisir pour les peindre à Mme de Noailles, à Maeterlinck, à Millet, à Claude Monet, cette route, ce jardin, ce champ, ce coude de rivière, plutôt que tels autres. Ce qui nous les fait paraître autres et plus beaux que le reste du monde, c'est qu'ils portent sur eux comme un reflet insaisissable l'impression qu'ils ont donnée au génie, et que nous venions errer aussi singulière et aussi despotique sur la face indifférente et soumise de tous les pays qu'il aurait peints. Cette apparence avec laquelle ils nous charment et nous déçoivent et au-delà de laquelle nous voudrions aller, c'est l'essence même de cette chose en quelque sorte sans épaisseur, – mirage arrêté sur une toile, – qu'est une vision. Et cette brume que nos yeux avides voudraient percer, c'est le dernier mot de l'art du peintre. Le suprême effort de l'écrivain comme de l'artiste n'aboutit qu'à soulever partiellement pour nous le voile de laideur et d'insignifiance qui nous laisse incurieux devant l'univers. Alors, il nous dit : « Regarde, regarde

Parfumés de trèfle et d'armoise,

Serrant leurs vifs ruisseaux étroits
Les pays de l'Aisne et de l'Oise.

Regarde la maison de Zélande, rose et luisante comme un coquillage. Regarde ! Apprends à voir ! » Et à ce moment il disparaît. Tel est le prix de la lecture et telle est aussi son insuffisance. C'est donner un trop grand rôle à ce qui n'est qu'une initiation d'en faire une discipline. La lecture est au seuil de la vie spirituelle ; elle peut nous y introduire : elle ne la constitue pas.

Il est cependant certains cas, certains cas pathologiques pour ainsi dire, de dépression spirituelle, où la lecture peut devenir une sorte de discipline curative et être chargée, par des incitations répétées, de réintroduire perpétuellement un esprit paresseux dans la vie de l'esprit. Les livres jouent alors auprès de lui un rôle analogue à celui des psychothérapeutes auprès de certains neurasthéniques.

On sait que, dans certaines affections du système nerveux, le malade, sans qu'aucun de ses organes soit lui-même atteint, est enlisé dans une sorte d'impossibilité de vouloir, comme dans une ornière profonde d'où il ne peut se tirer seul, et où il finirait par dépérir, si une main puissante et secourable ne lui était tendue. Son cerveau, ses jambes, ses poumons, son estomac, sont intacts. Il n'a aucune incapacité réelle de travailler, de marcher, de s'exposer au froid, de manger. Mais ces différents actes, qu'il serait très capable d'accomplir, il est incapable de les vouloir. Et une déchéance organique qui finirait par devenir l'équivalent des maladies qu'il n'a pas serait la conséquence irrémédiable de l'inertie de sa volonté, si l'impulsion qu'il ne peut trouver en lui-même ne lui venait de dehors, d'un médecin qui voudra pour lui, jusqu'au jour où seront peu à peu rééduqués ses divers vouloirs organiques. Or, il existe certains esprits qu'on pourrait comparer à ces malades et qu'une sorte de paresse[1] ou de frivolité empêche de descendre spontanément dans les régions profondes de soi-même où commence la véritable vie de l'esprit. Ce n'est pas qu'une fois qu'on les y a conduits ils ne soient capables d'y découvrir et d'y exploiter de véritables richesses, mais, sans cette intervention étrangère, ils vivent à la surface dans un perpétuel oubli d'eux-mêmes, dans une sorte de passivité qui les rend le jouet de tous les plaisirs, les diminue à la taille de ceux qui les entourent et les agitent, et, pareils à ce gentilhomme qui, partageant depuis son enfance la vie des voleurs de grand chemin, ne se souvenait plus de son nom, pour avoir depuis trop longtemps cessé de le porter, ils finiraient par abolir en eux tout sentiment et tout souvenir de leur noblesse spirituelle, si une impulsion extérieure ne venait les réintroduire en quelque sorte de force dans la vie de l'esprit, où ils retrouvent subitement la puissance de penser par eux-mêmes et de créer. Or, cette impulsion que l'esprit paresseux ne peut trouver en lui-même et qui doit lui venir d'autrui, il est clair qu'il doit la recevoir au sein de la solitude hors de laquelle, nous l'avons vu, ne peut se produire cette activité créatrice qu'il s'agit précisément de ressusciter en lui. De la pure solitude l'esprit paresseux ne pourrait rien tirer, puisqu'il est incapable de mettre de lui-même en branle son activité créatrice. Mais la conversation la plus élevée, les conseils les plus pressants ne lui serviraient non plus à rien, puisque cette activité originale ils ne peuvent la produire directement. Ce qu'il faut donc, c'est une intervention qui, tout en venant d'un autre, se produise au fond de nous-mêmes, c'est bien l'impulsion d'un autre esprit, mais reçue au sein de la solitude. Or nous avons vu que c'était précisément là la définition de la lecture, et qu'à la lecture seule elle convenait. La seule discipline qui puisse exercer une influence favorable sur de tels esprits, c'est donc la lecture : ce qu'il fallait démontrer, comme disent les géomètres. Mais, là encore, la lecture n'agit qu'à la façon d'une incitation qui ne peut en rien se substituer à notre activité personnelle ; elle se contente de nous en rendre l'usage, comme, dans les affections nerveuses auxquelles nous faisions allusion tout à l'heure, le psychothérapeute ne fait que restituer au malade la volonté de se servir de son estomac, de ses jambes, de son cerveau, restés intacts. Soit d'ailleurs que tous les esprits participent plus ou moins à cette paresse, à cette stagnation dans les bas niveaux, soit que, sans lui être nécessaire, l'exaltation qui suit certaines lectures ait une influence propice sur le travail personnel, on cite plus d'un écrivain qui aimait à lire une belle page avant de se mettre au travail. Emerson commençait rarement à écrire sans relire quelques pages de Platon. Et Dante n'est pas le seul poète que Virgile ait conduit jusqu'au seuil du paradis.

Tant que la lecture est pour nous l'initiatrice dont les clefs magiques nous ouvrent au fond de nous-mêmes la porte des demeures où nous n'aurions pas su pénétrer, son rôle dans notre vie est salutaire. Il devient dangereux au contraire quand, au lieu de nous éveiller à la vie personnelle de l'esprit, la lecture tend à se substituer à elle, quand la vérité ne nous apparaît plus comme un idéal que nous ne pouvons réaliser que par le progrès intime de notre pensée et par l'effort de notre cœur, mais comme une chose matérielle, déposée entre les feuillets des livres comme un miel tout préparé par les autres et que nous n'avons qu'à prendre la peine d'atteindre sur les rayons des bibliothèques et de déguster ensuite passivement dans un parfait repos de corps et d'esprit. Parfois même, dans certains cas un peu exceptionnels, et d'ailleurs, nous le verrons, moins dangereux, la vérité, conçue comme extérieure encore, est lointaine, cachée dans un lieu d'accès difficile. C'est alors quelque document secret, quelque correspondance inédite, des mémoires qui peuvent jeter sur certains caractères un jour inattendu, et dont il est difficile d'avoir communication. Quel bonheur, quel repos pour un esprit fatigué de chercher la vérité en lui-même de se dire qu'elle est située hors de lui, aux feuillets d'un in-folio jalousement conservé dans un couvent de Hollande, et que si, pour arriver jusqu'à elle, il faut se donner de la peine, cette peine sera toute matérielle, ne sera pour la pensée qu'un délassement plein de charme. Sans doute, il faudra faire un long voyage, traverser en coche d'eau les plaines gémissantes de vent, tandis que sur la rive les roseaux s'inclinent et se relèvent tour à tour dans une ondulation sans fin ; il faudra s'arrêter à Dordrecht, qui mire son église couverte de lierre dans l'entrelacs des canaux dormants et dans la Meuse frémissante et dorée où les vaisseaux en glissant dérangent, le soir, les reflets alignés des toits rouges et du ciel bleu ; et enfin, arrivé au terme du voyage, on ne sera pas encore certain de recevoir communication de la vérité. Il faudra pour cela faire jouer de puissantes influences, se lier avec le vénérable archevêque d'Utrecht, à la belle figure carrée d'ancien janséniste, avec le pieux gardien des archives d'Amersfoort. La conquête de la vérité est conçue dans ces cas-là comme le succès d'une sorte de mission diplomatique où n'ont manqué ni les difficultés du voyage, ni les hasards de la négociation. Mais, qu'importe ? Tous ces membres de la vieille petite église d'Utrecht, de la bonne volonté de qui il dépend que nous entrions en possession de la vérité, sont des gens charmants dont les visages du XVIIe siècle nous changent des figures accoutumées et avec qui il sera si amusant de rester en relations, au moins par correspondance. L'estime dont ils continueront à nous envoyer de temps à autre le témoignage nous relèvera à nos propres yeux et nous garderons leurs lettres comme un certificat et comme une curiosité. Et nous ne manquerons pas un jour de leur dédier un de nos livres, ce qui est bien le moins que l'on puisse faire pour des gens qui vous ont fait don… de la vérité. Et quant aux quelques recherches, aux courts travaux que nous serons obligés de faire dans la bibliothèque du couvent et qui seront les préliminaires indispensables de l'acte d'entrée en possession de la vérité – de la vérité que pour plus de prudence et pour qu'elle ne risque pas de nous échapper nous prendrons en note – nous aurions mauvaise grâce à nous plaindre des peines qu'ils pourront nous donner : le calme et la fraîcheur du vieux couvent sont si exquis, où les religieuses portent encore le haut hennin aux ailes blanches qu'elles ont dans le Roger Van der Weyden du parloir ; et, pendant que nous travaillons, les carillons du XVIIe siècle étourdissent si tendrement l'eau naïve du canal qu'un peu de soleil pâle suffit à éblouir entre la double rangée d'arbres dépouillés dès la fin de l'été qui frôlent les miroirs accrochés aux maisons à pignons des deux rives[8].

Cette conception d'une vérité sourde aux appels de la réflexion et docile au jeu des influences, d'une vérité qui s'obtient par lettres de recommandations, que vous remet en mains propres celui qui la détenait matériellement sans peut-être seulement la connaître, d'une vérité qui se laisse copier sur un carnet, cette conception de la vérité est pourtant loin d'être la plus dangereuse de toutes. Car bien souvent pour l'historien, même pour l'érudit, cette vérité qu'ils vont chercher au loin dans un livre est moins, à proprement parler, la vérité elle-même que son indice ou sa preuve, laissant par conséquent place à une autre vérité qu'elle annonce ou qu'elle vérifie et qui, elle, est du moins une création individuelle de leur esprit. Il n'en est pas de même pour le lettré. Lui, lit pour lire, pour retenir ce qu'il a lu. Pour lui, le livre n'est pas l'ange qui s'envole aussitôt qu'il a ouvert les portes du jardin céleste, mais une idole immobile, qu'il adore pour elle-même, qui, au lieu de recevoir une dignité vraie des pensées qu'elle éveille, communique une dignité factice à tout ce qui l'entoure. Le lettré invoque en souriant en l'honneur de tel nom qu'il se trouve dans Villehardouin ou dans Boccace[9], en faveur de tel usage qu'il est décrit dans Virgile. Son esprit sans activité originale ne sait pas isoler dans les livres la substance qui pourrait le rendre plus fort ; il s'encombre de leur forme intacte, qui, au lieu d'être pour lui un élément assimilable, un principe de vie, n'est qu'un corps étranger, un principe de mort. Est-il besoin de dire que si je qualifie de malsains ce goût, cette sorte de respect fétichiste pour les livres, c'est relativement à ce que seraient les habitudes idéales d'un esprit sans défauts qui n'existe pas, et comme font les physiologistes qui décrivent un fonctionnement d'organes normal tel qu'il ne s'en rencontre guère chez les êtres vivants. Dans la réalité, au contraire, où il n'y a pas plus d'esprits parfaits que de corps entièrement sains, ceux que nous appelons les grands esprits sont atteints comme les autres de cette « maladie littéraire ». Plus que les autres, pourrait-on dire. Il semble que le goût des livres croisse avec l'intelligence, un peu au-dessous d'elle, mais sur la même tige, comme toute passion s'accompagne d'une prédilection pour ce qui entoure son objet, a du rapport avec lui, dans l'absence lui en parle encore. Aussi, les plus grands écrivains, dans les heures où ils ne sont pas en communication directe avec la pensée, se plaisent dans la société des livres. N'est-ce pas surtout pour eux, du reste, qu'ils ont été écrits ; ne leur dévoilent-ils pas mille beautés, qui restent cachées au vulgaire ? À vrai dire, le fait que des esprits supérieurs soient ce que l'on appelle livresques ne prouve nullement que cela ne soit pas un défaut de l'être. De ce que les hommes médiocres sont souvent travailleurs et les intelligents souvent paresseux, on ne peut pas conclure que le travail n'est pas pour l'esprit une meilleure discipline que la paresse. Malgré cela, rencontrer chez un grand homme un de nos défauts nous incline toujours à nous demander si ce n'était pas au fond une qualité méconnue, et nous n'apprenons pas sans plaisir qu'Hugo savait Quinte-Curce, Tacite et Justin par cœur, qu'il était en mesure, si on contestait devant lui la légitimité d'un terme[10], d'en établir la filiation, jusqu'à l'origine, par des citations qui prouvaient une véritable érudition. (J'ai montré ailleurs comment cette érudition avait chez lui nourri le génie au lieu de l'étouffer, comme un paquet de fagots qui éteint un petit feu et en accroît un grand.) Maeterlinck, qui est pour nous le contraire du lettré, dont l'esprit est perpétuellement ouvert aux mille émotions anonymes communiquées par la ruche, le parterre ou l'herbage, nous rassure grandement sur les dangers de l'érudition, presque de la bibliophilie, quand il nous décrit en amateur les gravures qui ornent une vieille édition de Jacob Cats ou de l'abbé Sanderus. Ces dangers, d'ailleurs, quand ils existent, menaçant beaucoup moins l'intelligence que la sensibilité, la capacité de lecture profitable, si l'on peut ainsi dire, est beaucoup plus grande chez les penseurs que chez les écrivains d'imagination. Schopenhauer, par exemple, nous offre l'image d'un esprit dont la vitalité porte légèrement la plus énorme lecture, chaque connaissance nouvelle étant immédiatement réduite à la part de réalité, à la portion vivante qu'elle contient.

Schopenhauer n'avance jamais une opinion sans l'appuyer aussitôt sur plusieurs citations, mais on sent que les textes cités ne sont pour lui que des exemples, des allusions inconscientes et anticipées où il aime à retrouver quelques traits de sa propre pensée, mais qui ne l'ont nullement inspirée. Je me rappelle une page du *Monde comme Représentation et comme Volonté* où il y a peut-être vingt citations à la file. Il s'agit du pessimisme (j'abrège naturellement les citations) : « Voltaire, dans *Candide*, fait la guerre à l'optimisme d'une manière plaisante, Byron l'a faite, à sa façon tragique, dans *Caïn*. Hérodote rapporte que les Thraces saluaient le nouveau-né par des gémissements et se réjouissaient à chaque mort. C'est ce qui est exprimé dans les beaux vers que nous rapporte Plutarque : *Lugere genitum, tanta qui intravit mala*, etc. C'est à cela qu'il faut attribuer la coutume des Mexicains de souhaiter, etc., et Swift obéissait au même sentiment quand il avait coutume dès sa jeunesse (à en croire sa biographie par Walter Scott) de célébrer le jour de sa naissance comme un jour d'affliction. Chacun connaît ce passage de l'*Apologie de Socrate* où Platon dit que la mort est un bien admirable. Une maxime d'Héraclite était conçue de même : *Vitae nomen quidem est vita, opus autem mors*. Quant aux beaux vers de Théognis ils sont célèbres : *Optima sors homini non esse*, etc. Sophocle, dans l'*Œdipe à Colone* (1224), en donne l'abrégé suivant : *Natum non esse sortes vincit alias omnes*, etc. Euripide dit : *Omnis hominum vita est plena dolore* (*Hippolyte*, 189), et Homère l'avait déjà dit : *Non enim quidquam alicubi est calamitosius homine omnium, quotquot super terram spirant*, etc. D'ailleurs Pline, l'a dit aussi : *Nullum melius esse tempestiva morte*. Shakespeare met ces paroles dans la bouche du vieux roi Henri IV : *O, if this were seen — The happiest youth, — Would shut the book and sit him down and die*. Byron enfin : *This something better not to be*. Baltazar Gracián nous dépeint l'existence sous les plus noires couleurs dans le *Criticón*, etc.[11] » Si je m'étais déjà laissé entraîner trop loin par Schopenhauer, j'aurais eu plaisir à compléter cette petite démonstration à l'aide des *Aphorismes sur la Sagesse dans la Vie*, qui est peut-être de tous les ouvrages que je connais celui qui suppose chez un auteur, avec le plus de lecture, le plus d'originalité, de sorte qu'en tête de ce livre, dont chaque page renferme plusieurs citations, Schopenhauer a pu écrire le plus sérieusement du monde : « Compiler n'est pas mon fait. »

Sans doute, l'amitié, l'amitié qui a égard aux individus, est une chose frivole, et la lecture est une amitié. Mais du moins c'est une amitié sincère, et le fait qu'elle s'adresse à un mort, à un absent, lui donne quelque chose de désintéressé, de presque touchant. C'est de plus une amitié débarrassée de tout ce qui fait la laideur des autres. Comme nous ne sommes tous, nous les vivants, que des morts qui ne sont pas encore entrés en fonctions, toutes ces politesses, toutes ces salutations dans le vestibule que nous appelons déférence, gratitude, dévouement et où nous mêlons tant de mensonges, sont stériles et fatigantes. De plus, – dès les premières relations de sympathie, d'admiration, de reconnaissance, – les premières paroles que nous prononçons, les premières lettres que nous écrivons, tissent autour de nous les premiers fils d'une toile d'habitudes, d'une véritable manière d'être, dont nous ne pouvons plus nous débarrasser dans les amitiés suivantes ; sans compter que pendant ce temps-là les paroles excessives que nous avons prononcées restent comme des lettres de change que nous devons payer, ou que nous paierons plus cher encore toute notre vie des remords de les avoir laissé protester. Dans la lecture, l'amitié est soudain ramenée à sa pureté première. Avec les livres, pas d'amabilité. Ces amis-là, si nous passons la soirée avec eux, c'est vraiment que nous en avons envie. Eux, du moins, nous ne les quittons souvent qu'à regret. Et quand nous les avons quittés, aucune de ces pensées qui gâtent l'amitié : Qu'ont-ils pensé de nous ? – N'avons-nous pas manqué de tact ? – Avons-nous plu ? – et la peur d'être oublié pour tel autre. Toutes ces agitations de l'amitié expirent au seuil de cette amitié pure et calme qu'est la lecture. Pas de déférence non plus ; nous ne rions de ce que dit Molière que dans la mesure exacte où nous le trouvons drôle ; quand il nous ennuie, nous n'avons pas peur d'avoir l'air ennuyé, et quand nous avons décidément assez d'être avec lui, nous le remettons à sa place aussi brusquement que s'il n'avait ni génie ni célébrité. L'atmosphère de cette pure amitié est le silence, plus pur que la parole. Car nous parlons pour les autres, mais nous nous taisons par nous-mêmes. Aussi le silence ne porte pas, comme la parole, la trace de nos défauts, de nos grimaces. Il est pur, il est vraiment une atmosphère. Entre la pensée de l'auteur et la nôtre il n'interpose pas ces éléments irréductibles, réfractaires à la pensée, de nos égoïsmes différents. Le langage même du livre est pur (si le livre mérite ce nom), rendu transparent par la pensée de l'auteur qui en a retiré tout ce qui n'était pas elle-même jusqu'à le rendre son image fidèle ; chaque phrase, au fond, ressemblant aux autres, car toutes sont dites par l'inflexion unique d'une personnalité ; de là une sorte de continuité, que les rapports de la vie et ce qu'ils mêlent à la pensée d'éléments qui lui sont étrangers excluent et qui permet très vite de suivre la ligne même de la pensée de l'auteur, les traits de sa physionomie qui se reflètent dans ce calme miroir. Nous savons nous plaire tour à tour aux traits de chacun sans avoir besoin qu'ils soient admirables, car c'est un grand plaisir pour l'esprit de distinguer ces peintures profondes et d'aimer d'une amitié sans égoïsme, sans phrases, comme en soi-même. Un Gautier, simple bon garçon plein de goût (cela nous amuse de penser qu'on a pu le considérer comme le représentant de la perfection dans l'art), nous plaît ainsi. Nous ne nous exagérons pas sa puissance spirituelle, et dans son *Voyage en Espagne*, où chaque phrase, sans qu'il s'en doute, accentue et poursuit le trait plein de grâce et de gaieté de sa personnalité (les mots se rangeant d'eux-mêmes pour la dessiner, parce que c'est elle qui les a choisis et disposés dans l'ordre), nous ne pouvons nous empêcher de trouver bien éloignée de l'art véritable cette obligation à laquelle il croit devoir s'astreindre de ne pas laisser une seule forme sans la décrire entièrement, en l'accompagnant d'une comparaison qui, n'étant née d'aucune impression agréable et forte, ne nous charme nullement. Nous ne pouvons qu'accuser la pitoyable sécheresse de son imagination quand il compare la campagne avec ses cultures variées « à ces cartes de tailleurs où sont collés les échantillons de pantalons et de gilets » et quand il dit que de Paris à Angoulême il n'y a rien à admirer. Et nous sourions de ce gothique fervent qui n'a même pas pris la peine d'aller à Chartres visiter la cathédrale[12].

Mais quelle bonne humeur, quel goût ! comme nous le suivons volontiers dans ses aventures, ce compagnon plein d'entrain ; il est si sympathique que tout autour de lui nous le devient. Et après les quelques jours qu'il a passés auprès du commandant Lebarbier de Tinan, retenu par la tempête à bord de son beau vaisseau « étincelant comme de l'or », nous sommes triste qu'il ne nous dise plus un mot de cet aimable marin et nous le fasse quitter pour toujours sans nous apprendre ce qu'il est devenu[13]. Nous sentons bien que sa gaieté hâbleuse et ses mélancolies aussi sont chez lui des habitudes un peu débraillées de journaliste. Mais nous lui passons tout cela, nous faisons ce qu'il veut, nous nous amusons quand il rentre trempé jusqu'aux os, mourant de faim et de sommeil, et nous nous attristons quand il récapitule avec une tristesse de feuilletoniste les noms des hommes de sa génération morts avant l'heure. Nous disions à propos de lui que ses phrases dessinaient sa physionomie, mais sans qu'il s'en doutât ; car si les mots sont choisis, non par notre pensée selon les affinités de son essence, mais par notre désir de nous peindre, il représente ce désir et ne nous représente pas. Fromentin, Musset, malgré tous leurs dons, parce qu'ils ont voulu laisser leur portrait à la postérité, l'on peint fort médiocre ; encore nous intéressent-ils infiniment, même par là, car leur échec est instructif. De sorte que quand un livre n'est pas le miroir d'une individualité puissante, il est encore le miroir de défauts curieux de l'esprit. Penchés sur un livre de Fromentin ou sur un livre de Musset, nous apercevons au fond du premier ce qu'il y a de court et de niais dans une certaine « distinction » ; au fond du second, ce qu'il y a de vide dans l'éloquence.

Si le goût des livres croît avec l'intelligence, ses dangers, nous l'avons vu, diminuent avec elle. Un esprit original sait subordonner la lecture à son activité personnelle. Elle n'est plus pour lui que la plus noble des distractions, la plus ennoblissante surtout, car, seuls, la lecture et le savoir donnent les « belles manières » de l'esprit. La puissance de notre sensibilité et de notre intelligence, nous ne pouvons la développer qu'en nous-mêmes, dans les profondeurs de notre vie spirituelle. Mais c'est dans ce contrat avec les autres esprits qu'est la lecture, que se fait l'éducation des « façons » de l'esprit. Les lettrés restent, malgré tout, comme les gens de qualité de l'intelligence, et ignorer certain livre, certaine particularité de la science littéraire, restera toujours, même chez un homme de génie, une marque de roture intellectuelle. La distinction et la noblesse consistent, dans l'ordre de la pensée aussi, dans une sorte de franc-maçonnerie d'usages, et dans un héritage de traditions[14].

Très vite, dans ce goût et ce divertissement de lire, la préférence des grands écrivains va aux livres des anciens. Ceux mêmes qui parurent à leurs contemporains le plus « romantiques » ne lisaient guère que les classiques. Dans la conversation de Victor Hugo, quand il parle de ses lectures, ce sont les noms de Molière, d'Horace, d'Ovide, de Regnard, qui reviennent le plus souvent. Alphonse Daudet, le moins livresque des écrivains, dont l'œuvre toute de modernité et de vie semble avoir rejeté tout héritage classique, lisait, citait, commentait sans cesse Pascal, Montaigne, Diderot, Tacite[15]. On pourrait presque aller jusqu'à dire, renouvelant peut-être, par cette interprétation d'ailleurs toute partielle, la vieille distinction entre classiques et romantiques, que ce sont les publics (les publics intelligents, bien entendu) qui sont romantiques, tandis que les maîtres (même les maîtres dits romantiques, les maîtres préférés des publics romantiques) sont classiques. (Remarque qui pourrait s'étendre à tous les arts. Le public va entendre la musique de M. Vincent d'Indy, M. Vincent d'Indy relit celle de Monsigny[16]. Le public va aux expositions de M. Vuillard et de M. Maurice Denis cependant que ceux-ci vont au Louvre.) Cela tient sans doute à ce que cette pensée contemporaine que les écrivains et les artistes originaux rendent accessible et désirable au public, fait dans une certaine mesure tellement partie d'eux-mêmes qu'une pensée différente les divertit mieux. Elle leur demande, pour qu'ils aillent à elle, plus d'effort, et leur donne aussi plus de plaisir ; on aime toujours un peu à sortir de soi, à voyager, quand on lit.

Mais il est une autre cause à laquelle je préfère, pour finir, attribuer cette prédilection des grands esprits pour les ouvrages anciens[17] . C'est qu'ils n'ont pas seulement pour nous, comme les ouvrages contemporains, la beauté qu'y sut mettre l'esprit qui les créa. Ils en reçoivent une autre plus émouvante encore, de ce que leur matière même, j'entends la langue où ils furent écrits, est comme un miroir de la vie. Un peu du bonheur qu'on éprouve à se promener dans une ville comme Beaune qui garde intact son hôpital du XVe siècle, avec son puits, son lavoir, sa voûte de charpente lambrissée et peinte, son toit à hauts pignons percé de lucarnes que couronnent de légers épis en plomb martelé (toutes ces choses qu'une époque en disparaissant a comme oubliées là, toutes ces choses qui n'étaient qu'à elle, puisque aucune des époques qui l'ont suivie n'en a vu naître de pareilles), on ressent encore un peu de ce bonheur à errer au milieu d'une tragédie de Racine ou d'un volume de Saint-Simon. Car ils contiennent toutes les belles formes de langage abolies qui gardent le souvenir d'usages ou de façons de sentir qui n'existent plus, traces persistantes du passé à quoi rien du présent ne ressemble et dont le temps, en passant sur elles, a pu seul embellir encore la couleur.

Une tragédie de Racine, un volume des mémoires de Saint-Simon ressemblent à de belles choses qui ne se font plus. Le langage dans lequel ils ont été sculptés par de grands artistes avec une liberté qui en fait briller la douceur et saillir la force native, nous émeut comme la vue de certains marbres, aujourd'hui inusités, qu'employaient les ouvriers d'autrefois. Sans doute dans tel de ces vieux édifices la pierre a fidèlement gardé la pensée du sculpteur, mais aussi, grâce au sculpteur, la pierre, d'une espèce aujourd'hui inconnue, nous a été conservée, revêtue de toutes les couleurs qu'il a su tirer d'elle, faire apparaître, harmoniser. C'est bien la syntaxe vivante en France au XVIIe siècle – et en elle des coutumes et un tour de pensée disparus – que nous aimons à trouver dans les vers de Racine. Ce sont les formes mêmes de cette syntaxe, mises à nu, respectées, embellies par son ciseau si franc et si délicat, qui nous émeuvent dans ces tours de langage familiers jusqu'à la singularité et jusqu'à l'audace[18] et dont nous voyons, dans les morceaux les plus doux et les plus tendres, passer comme un trait rapide ou revenir en arrière en belles lignes brisées, le brusque dessin. Ce sont ces formes révolues prises à même la vie du passé que nous allons visiter dans l'œuvre de Racine comme dans une cité ancienne et demeurée intacte. Nous éprouvons devant elles la même émotion que devant ces formes abolies, elles aussi, de l'architecture, que nous ne pouvons plus admirer que dans les rares et magnifiques exemplaires que nous en a légués le passé qui les façonna : telles que les vieilles enceintes des villes, les donjons et les tours, les baptistères des églises ; telles qu'auprès du cloître, ou sous le charnier de l'Aitre, le petit cimetière qui oublie au soleil, sous ses papillons et ses fleurs, la Fontaine funéraire et la Lanterne des Morts.

Bien plus, ce ne sont pas seulement les phrases qui dessinent à nos yeux les formes de l'âme ancienne. Entre les phrases – et je pense à des livres très antiques qui furent d'abord récités, – dans l'intervalle qui les sépare se tient encore aujourd'hui comme dans un hypogée inviolé, remplissant les interstices, un silence bien des fois séculaire. Souvent dans l'Évangile de saint Luc, rencontrant les *deux points* qui l'interrompent avant chacun des morceaux presque en forme de cantiques dont il est parsemé[19], j'ai entendu le silence du fidèle, qui venait d'arrêter sa lecture à haute voix pour entonner les versets suivants[20] comme un psaume qui lui rappelait les psaumes plus anciens de la Bible. Ce silence remplissait encore la pause de la phrase qui, s'étant scindée pour l'enclore, en avait gardé la forme ; et plus d'une fois, tandis que je lisais, il m'apporta le parfum d'une rose que la brise entrant par la fenêtre ouverte avait répandu dans la salle haute où se tenait l'Assemblée et qui ne s'était pas évaporé depuis dix-sept siècles.

Que de fois, dans la *Divine Comédie*, dans Shakespeare, j'ai eu cette impression d'avoir devant moi, inséré dans l'heure présente, un peu du passé, cette impression de rêve qu'on ressent à Venise sur la Piazzetta, devant ses deux colonnes de granit gris et rose qui portent sur leurs chapiteaux grecs, l'une le lion de Saint-Marc, l'autre Saint Théodore foulant aux pieds le crocodile, – belles étrangères venues d'Orient sur la mer qu'elles regardent au loin et qui vient mourir à leurs pieds, et qui toutes deux, sans comprendre les propos échangés autour d'elles dans une langue qui n'est pas celle de leur pays, sur cette place publique où brille encore leur sourire distrait, continuent à attarder au milieu de nous leurs jours du XIIe siècle qu'elles intercalent dans notre aujourd'hui. Oui, en pleine place publique, au milieu d'aujourd'hui dont il interrompt à cet endroit l'empire, un peu du XIIe siècle, du XIIe siècle depuis si longtemps enfui, se dresse en un double élan léger de granit rose. Tout autour, les jours actuels, les jours que nous vivons circulent, se pressent en bourdonnant autour des colonnes, mais là brusquement s'arrêtent, fuient comme des abeilles repoussées ; car elles ne sont pas dans le présent, ces hautes et fines enclaves du passé, mais dans un autre temps où il est interdit au présent de pénétrer. Autour des colonnes roses, jaillies vers leurs larges chapiteaux, les jours actuels se pressent et bourdonnent. Mais, interposées entre eux, elles les écartent, réservant de toute leur mince épaisseur la place inviolable du Passé : – du Passé familièrement surgi au milieu du présent, avec cette couleur un peu irréelle des choses qu'une sorte d'illusion nous fait voir à quelques pas, et qui sont en réalité situées à bien des siècles ; s'adressant dans tout son aspect un peu trop directement à l'esprit, l'exaltant un peu comme on ne saurait s'en étonner de la part du revenant d'un temps enseveli ; pourtant là, au milieu de nous, approché, coudoyé, palpé, immobile, au soleil.

Notes

1. Ce que nous appelions, je ne sais pourquoi, un village est un chef-lieu de canton auquel le Guide Joanne donne près de 3 000 habitants.

2. J'avoue que certain emploi de l'imparfait de l'indicatif – de ce temps cruel qui nous présente la vie comme quelque chose d'éphémère à la fois et passif, qui, au moment même où il retrace nos actions, les frappe d'illusion, les anéantit dans le passé sans nous laisser comme le parfait la consolation de l'activité – est resté pour moi une source inépuisable de mystérieuses tristesses. Aujourd'hui encore je peux avoir pensé pendant des heures à la mort avec calme ; il me suffit d'ouvrir un volume des *Lundis* de Sainte-Beuve et d'y tomber par exemple sur cette phrase de Lamartine (il s'agit de Mme d'Albany) : « Rien ne *rappelait* en elle à cette époque… *C'était* une petite femme dont la taille un peu affaissée sous son poids avait perdu, etc. » pour me sentir aussitôt envahi par la plus profonde mélancolie. – Dans les romans, l'intention de faire de la peine est si visible chez l'auteur qu'on se raidit un peu plus.

3. On peut l'essayer, par une sorte de détour, pour les livres qui ne sont pas d'imagination pure et où il y a un substratum historique. Balzac, par exemple, dont l'œuvre en quelque sorte impure est mêlée d'esprit et de réalité trop peu transformée, se prête parfois singulièrement à ce genre de lecture. Ou du moins il a trouvé le plus admirable de ces « lecteurs historiques » en M. Albert Sorel qui a écrit sur *Une ténébreuse affaire* et sur *L'Envers de l'Histoire contemporaine* d'incomparables essais. Combien la lecture, au reste, cette jouissance à la fois ardente et rassise, semble bien convenir à M. Sorel, à cet esprit chercheur, à ce corps calme et puissant, la lecture, pendant laquelle les mille sensations de poésie et de bien-être

confus qui s'envolent avec allégresse du fond de la bonne santé viennent composer autour de la rêverie du lecteur un plaisir doux et doré comme le miel. – Cet art d'ailleurs d'enfermer tant d'originales et fortes méditations dans la lecture, ce n'est pas qu'à propos d'œuvres à demi historiques que M. Sorel l'a porté à cette perfection. Je me souviendrai toujours – et avec quelle reconnaissance – que la traduction de *La Bible d'Amiens* a été pour lui le sujet des plus puissantes pages peut-être qu'il ait jamais écrites.

<u>4</u>. Cet ouvrage fut ensuite augmenté par l'addition aux deux premières conférences d'une troisième : *The Mystery of Life and its Arts*. Les éditions populaires continuèrent à ne contenir que *Des Trésors des Rois* et *Des Jardins des Reines*. Nous n'avons traduit, dans le présent volume, que ces deux conférences, et sans les faire précéder d'aucune des préfaces que Ruskin écrivit pour *Sésame et les Lys*. Les dimensions de ce volume et l'abondance de notre propre Commentaire ne nous ont pas permis de mieux faire. Sauf pour quatre d'entre elles (Smith, Elder et Cie) les nombreuses éditions de *Sésame et les Lys* ont toutes paru chez George Allen, l'illustre éditeur de toute l'œuvre de Ruskin, le maître de Ruskin House.

<u>5</u>. *Sésame et les Lys, Des Trésors des Rois*, 6.

<u>6</u>. En réalité, cette phrase ne se trouve pas, au moins sous cette forme, dans *Le Capitaine Fracasse*. Au lieu de « ainsi qu'il appert en l'*Odyssée* d'Homerus, poète grégeois », il y a simplement « suivant Homerus ». Mais comme les expressions « il appert d'Homerus », « il appert de l'*Odyssée* », qui se trouvent ailleurs dans le même ouvrage, me donnaient un plaisir de même qualité, je me suis permis, pour que l'exemple fût plus frappant pour le lecteur, de fondre toutes ces beautés en une, aujourd'hui que je n'ai plus pour elles, à vrai dire, de respect religieux. Ailleurs encore, dans *Le Capitaine Fracasse*, Homerus est qualifié de poète grégeois, et je ne doute pas que cela aussi m'enchantât. Toutefois, je ne suis plus capable de retrouver avec assez d'exactitude ces joies oubliées pour être assuré que je n'ai pas forcé la note et dépassé la mesure en accumulant en une seule phrase tant de merveilles ! Je ne le crois pas pourtant. Et je pense avec regret que l'exaltation avec laquelle je répétais la phrase du *Capitaine Fracasse* aux iris et aux pervenches penchés au bord de la rivière, en piétinant les cailloux de l'allée, aurait été plus délicieuse encore si j'avais pu trouver en une seule phrase de Gautier tant de ses charmes que mon propre artifice réunit aujourd'hui, sans parvenir, hélas ! à me donner aucun plaisir.

7 . Je la sens en germe chez Fontanes, dont Sainte-Beuve a dit : « Ce côté épicurien était bien fort chez lui… sans ces habitudes un peu matérielles, Fontanes avec son talent, aurait produit bien davantage… et des œuvres plus durables. » Notez que l'impuissant prétend toujours qu'il ne l'est pas. Fontanes dit :
« Je perds mon temps s'il faut les croire,
Eux seuls du siècle sont l'honneur »
et assure qu'il travaille beaucoup.

Le cas de Coleridge est déjà plus pathologique. « Aucun homme de son temps, ni peut-être d'aucun temps, dit Carpenter (cité par M. Ribot dans son beau livre sur les Maladies de la Volonté), n'a réuni ni plus que Coleridge la puissance du raisonnement du philosophe, l'imagination du poète, etc. Et pourtant, il n'y a personne qui, étant doué d'aussi remarquables talents, en ait tiré si peu ; le grand défaut de son caractère était le manque de volonté pour mettre ses dons naturels à profit, si bien qu'ayant toujours flottant dans l'esprit de gigantesques projets, il n'a jamais essayé sérieusement d'en exécuter un seul. Ainsi, dès le début de sa carrière, il trouva un libraire généreux qui lui promit trente guinées pour des poèmes qu'il avait récités, etc. Il préféra venir toutes les semaines mendier sans fournir une seule ligne de ce poème qu'il n'aurait eu qu'à écrire pour se libérer. »

8 . Je n'ai pas besoin de dire qu'il serait inutile de chercher ce couvent près d'Utrecht et que tout ce morceau est de pure imagination. Il m'a pourtant été suggéré par les lignes suivantes de M. Léon Séché dans son ouvrage sur Sainte-Beuve : « Il (Sainte-Beuve) s'avisa un jour, pendant qu'il était à Liège, de prendre langue avec la petite église d'Utrecht. C'était un peu tard, mais Utrecht était bien loin de Paris et je ne sais pas si *Volupté* aurait suffi à lui ouvrir à deux battants les archives d'Amersfoort. J'en doute un peu, car même après les deux premiers volumes de son *Port-Royal*, le pieux savant qui avait alors la garde de ces archives, etc. Sainte-Beuve obtint avec peine du bon M. Karsten la permission d'entre-bâiller certains cartons… Ouvrez la deuxième édition de *Port-Royal* et vous verrez la reconnaissance que Sainte-Beuve témoigna à M. Karsten » (Léon Séché, *Sainte-Beuve*, t. I, p. 229 et suiv.). Quant aux détails du voyage, ils reposent tous sur des impressions vraies. Je ne sais si on passe par Dordrecht pour aller à Utrecht, mais c'est bien telle que je l'ai vue que j'ai décrit Dordrecht. Ce n'est pas en allant à Utrecht, mais à Vollendam, que j'ai voyagé en coche d'eau, entre les roseaux. Le canal que j'ai placé à Utrecht est à Delft. J'ai vu à l'hôpital de Beaune un Van der Weyden, et des religieuses d'un ordre venu, je crois, des Flandres, qui portent encore la

même coiffe non que dans le Roger Van der Weyden, mais que dans d'autres tableaux vus en Hollande.

9 . Le snobisme pur est plus innocent. Se plaire dans la société de quelqu'un parce qu'il a eu un ancêtre aux croisades, c'est de la vanité, l'intelligence n'a rien à voir à cela. Mais se plaire dans la société de quelqu'un parce que le nom de son grand-père se retrouve souvent dans Alfred de Vigny ou dans Chateaubriand, ou (séduction vraiment irrésistible pour moi, je l'avoue) avoir le blason de sa famille (il s'agit d'une femme bien digne d'être admirée sans cela) dans la grande Rose de Notre-Dame d'Amiens, voilà où le péché intellectuel commence. Je l'ai du reste analysé trop longuement ailleurs, quoiqu'il me reste beaucoup à en dire, pour avoir à y insister autrement ici.

10 . Paul Stapfer, *Souvenirs sur Victor Hugo*, parus dans *La Revue de Paris*.

11 . Schopenhauer, *Le Monde comme Représentation et comme Volonté* (chapitre *De la Vanité et des Souffrances de la Vie*).

12 . « Je regrette d'avoir passé par Chartres sans avoir pu voir la cathédrale. » (*Voyage en Espagne*, p. 2.)

13 . Il devint, me dit-on, le célèbre amiral de Tinan, père de Mme Pechet de Tinan, dont le nom est resté cher aux artistes, et le grand-père du brillant capitaine de cavalerie, – c'est lui aussi, je pense qui, devant Gaëte, assura quelques temps le ravitaillement et les communications de François II et de la Reine de Naples. Voir Pierre de la Gorce, *Histoire du second Empire*.

14 . La distinction vraie, du reste, feint toujours de ne s'adresser qu'à des personnes distinguées qui connaissent les mêmes usages, et elle n'« explique » pas. Un livre d'Anatole France sous-entend une foule de connaissances érudites, renferme de perpétuelles allusions que le vulgaire n'y aperçoit pas et qui en font, en dehors de ses autres beautés, l'incomparable noblesse.

15 . C'est pour cela sans doute que souvent, quand un grand écrivain fait de la critique, il parle beaucoup des éditions qu'on donne d'ouvrages anciens, et très peu des livres contemporains. Exemple les *Lundis* de Sainte-Beuve et la *Vie littéraire* d'Anatole France. Mais tandis que M. Anatole France juge à merveille ses contemporains, on peut dire que Sainte-

Beuve a méconnu tous les grands écrivains de son temps. Et qu'on n'objecte pas qu'il était aveuglé par des haines personnelles. Après avoir incroyablement rabaissé le romancier chez Stendhal, il célèbre, en manière de compensation, la modestie, les procédés délicats de l'homme, comme s'il n'y avait rien d'autre de favorable à en dire ! Cette cécité de Sainte-Beuve, en ce qui concerne son époque, contraste singulièrement avec ses prétentions à la clairvoyance, à la prescience. « Tout le monde est fort, dit-il dans *Chateaubriand et son groupe littéraire* , à prononcer sur Racine et Bossuet... Mais la sagacité du juge, la perspicacité du critique, se prouve surtout sur des écrits neufs, non encore essayés du public. Juger à première vue, deviner, devancer, voilà le don critique. Combien peu le possèdent. »

16 . Et, réciproquement, les classiques n'ont pas de meilleurs commentateurs que les « romantiques ». Seuls, en effet, les romantiques savent lire les ouvrages classiques, parce qu'ils les lisent comme ils ont été écrits, romantiquement, parce que, pour bien lire un poète ou un prosateur, il faut être soi-même, non pas érudit, mais poète ou prosateur. Cela est vrai pour les ouvrages les moins « romantiques ». Les beaux vers de Boileau, ce ne sont pas les professeurs de rhétorique qui nous les ont signalés, c'est Victor Hugo :
« Et dans quatre mouchoirs de sa beauté salis
Envoie au blanchisseur ses roses et ses lys. »
C'est M. Anatole France :
« L'ignorance et l'erreur à ses naissantes pièces
En habits de marquis, en robes de comtesses. »
Le dernier numéro de *La Renaissance latine* (15 mai 1905) me permet, au moment où je corrige ces épreuves, d'étendre, par un nouvel exemple, cette remarque aux beaux-arts. Elle nous montre, en effet, dans M. Rodin (article de M. Mauclair), le véritable commentateur de la statuaire grecque.

17 . Prédilection qu'eux-mêmes croient généralement fortuite ; ils supposent que les plus beaux livres se trouvent par hasard avoir été écrits par les auteurs anciens ; et sans doute cela peut arriver puisque les livres anciens que nous lisons sont choisis dans le passé tout entier si vaste auprès de l'époque contemporaine. Mais une raison en quelque sorte accidentelle ne peut suffire à expliquer une attitude d'esprit si générale.

18 . Je crois par exemple que le charme qu'on a l'habitude de trouver à ces vers d'Andromaque :
« Pourquoi l'assassiner ? Qu'a-t-il fait ? À quel titre ?

Qui te l'a dit ? »

vient précisément de ce que le lien habituel de la syntaxe est volontairement rompu. « À quel titre ? » se rapporte, non pas à « Qu'a-t-il fait ? » qui le précède immédiatement, mais à « Pourquoi l'assassiner ? ». Et « Qui te l'a dit ? » se rapporte aussi à « assassiner ». (On peut, se rappelant un autre vers d'Andromaque : « Qui vous l'a dit, Seigneur, qu'il me méprise ? » supposer que « Qui te l'a dit ? » est pour « Qui te l'a dit, de l'assassiner ? ») Zigzags de l'expression (la ligne récurrente et brisée dont je parle ci-dessus) qui ne laissent pas d'obscurcir un peu le sens, si bien que j'ai entendu une grande actrice plus soucieuse de la clarté du discours que de l'exactitude de la prosodie dire carrément : « Pourquoi l'assassiner ? À quel titre ? Qu'a-t-il fait ? » Les plus célèbres vers de Racine le sont en réalité parce qu'ils charment ainsi par quelque audace familière de langage jetée comme un pont hardi entre deux rives de douceur. « Je t'aimais inconstant, *qu'aurais-je fait* fidèle ? » Et quel plaisir cause la belle rencontre de ces expressions dont la simplicité presque commune donne au sens, comme à certains visages dans Mantegna, une si douce plénitude, de si belles couleurs :

« Et dans un fol amour ma jeunesse *embarquée*...

Réunissons trois cœurs qui n'ont pu *s'accorder* . »

Et c'est pourquoi il convient de lire les écrivains classiques dans le texte, et non de se contenter de morceaux choisis. Les pages illustres des écrivains sont souvent celles où cette contexture intime de leur langage est dissimulée par la beauté, d'un caractère presque universel, du morceau. Je ne crois pas que l'essence particulière de la musique de Gluck se trahisse autant dans tel air sublime que dans telle cadence de ses récitatifs où l'harmonie est comme le son même de la voix de son génie quand elle retombe sur une intonation involontaire où est marquée toute sa gravité naïve et sa distinction, chaque fois qu'on l'entend pour ainsi dire reprendre haleine. Qui a vu des photographies de Saint-Marc de Venise peut croire (et je ne parle pourtant que de l'extérieur du monument) qu'il a une idée de cette église à coupoles, alors que c'est seulement en approchant, jusqu'à pouvoir les toucher avec la main, le rideau diapré de ces colonnes riantes, c'est seulement en voyant la puissance étrange et grave qui enroule des feuilles ou perche des oiseaux dans ces chapiteaux qu'on ne peut distinguer que de près, c'est seulement en ayant sur la place même l'impression de ce monument bas, tout en longueur de façade, avec ses mâts fleuris et son décor de fête, son aspect de « palais d'exposition », qu'on sent éclater dans ces traits significatifs mais accessoires et qu'aucune photographie ne retient, sa véritable et complexe individualité.

<u>19</u> . Et Marie dit : « Mon âme exalte le Seigneur et se réjouit en Dieu, mon Sauveur, etc. » Zacharie son père fut rempli du Saint-Esprit et il prophétisa en ces mots : « Béni soit le Seigneur, le Dieu d'Israël de ce qu'il a racheté, etc. » Il la reçut dans ses bras, bénit Dieu et dit : « Maintenant, Seigneur, tu laisses ton serviteur s'en aller en paix… »

<u>20</u> . À vrai dire aucun témoignage positif ne me permet d'affirmer que dans ces lectures le récitant chantât les sortes de psaumes que Saint Luc a introduits dans son évangile. Mais il me semble que cela ressort suffisamment du rapprochement de différents passages de Renan et notamment de saint Paul, p. 257 et suiv. : les Apôtres, p. 99 et 100, Marc-Aurèle, p. 502 et 503, etc.

Journées de lecture

Vous avez sans doute lu les *Mémoires* de la comtesse de Boigne. Il y a « tant de malades », en ce moment, que les livres trouvent des lecteurs, même des lectrices. Sans doute, quand on ne peut sortir et faire des visites, on aimerait mieux en recevoir que de lire. Mais « par ces temps d'épidémies », même les visites que l'on reçoit ne sont pas sans danger. C'est la dame qui de la porte où elle s'arrête un moment – rien qu'un moment, – et où elle encadre sa menace, vous crie : « Vous n'avez pas peur des oreillons et de la scarlatine ? Je vous préviens que ma fille et mes petits-enfants les ont. Puis-je entrer ? » ; et entre sans attendre de réponse.

C'est une autre, moins franche, qui tire sa montre : « Il faut que je rentre vite : mes trois filles ont la rougeole ; je vais de l'une à l'autre ; mon Anglaise est au lit depuis hier avec une forte fièvre, et j'ai bien peur que ce soit mon tour d'être prise, car je me suis sentie mal à l'aise en me levant. Mais j'ai tenu à faire un grand effort pour venir vous voir… » Alors on aime mieux ne pas trop recevoir, et, comme on ne peut pas téléphoner toujours, on lit. On ne lit qu'à la dernière extrémité. On téléphone d'abord beaucoup. Et, comme nous sommes des enfants qui jouons avec les forces sacrées sans frissonner devant leur mystère, nous trouvons seulement du téléphone que « c'est commode », ou plutôt, comme nous sommes des enfants gâtés, nous trouvons que « ce n'est pas commode », nous remplissons *Le Figaro* de nos plaintes, ne trouvant pas encore assez rapide en ses changements l'admirable féerie où quelques minutes parfois se passent en effet avant qu'apparaisse près de nous, invisible mais présente, l'amie à qui nous avions le désir de parler, et qui, tout en restant à sa table, dans la ville lointaine qu'elle habite, sous un ciel différent du nôtre, par un temps qui n'est pas celui qu'il fait ici, au milieu de circonstances et de préoccupations que nous ignorons et qu'elle va nous dire, se trouve tout à coup transportée à cent lieues (elle, et toute l'ambiance où elle reste plongée), contre notre oreille, au moment où notre caprice l'a ordonné. Et nous sommes comme le personnage du conte de fées à qui un magicien, sur le souhait qu'il en exprime, fait apparaître dans une clarté magique sa fiancée en train de feuilleter un livre, de verser des larmes ou de cueillir des fleurs, tout près de lui, et pourtant à l'endroit où elle se trouve alors, très loin.

Nous n'avons, pour que ce miracle se renouvelle pour nous, qu'à approcher nos lèvres de la planchette magique et à appeler – quelquefois un peu longtemps, je le veux bien – les Vierges vigilantes dont nous entendons chaque jour la voix sans jamais connaître leur visage et qui sont nos Anges gardiens dans ces ténèbres vertigineuses dont elles surveillent jalousement les portes, les Toutes-Puissantes par qui les visages des absents surgissent près de nous, sans qu'il nous soit permis de les apercevoir ; nous n'avons qu'à appeler ces Danaïdes de l'Invisible qui sans cesse vident, remplissent, et se transmettent les urnes obscures des sons, les jalouses Furies qui, tandis que nous murmurons une confidence à une amie, nous crient ironiquement : « J'écoute ! » au moment où nous espérions que personne ne nous entendait, les servantes irritées du Mystère, les Divinités implacables, les Demoiselles du téléphone ! Et aussitôt que leur appel a retenti dans la nuit pleine d'apparitions, sur laquelle nos oreilles s'ouvrent seules, un bruit léger – un bruit abstrait, – celui de la distance supprimé, et la voix de notre amie s'adresse à nous.

Si, à ce moment-là, entre par sa fenêtre et vient l'importuner pendant qu'elle nous parle, la chanson d'un passant, la trompe d'un cycliste ou la fanfare lointaine d'un régiment en marche, tout cela retentit aussi distinctement pour nous (comme pour nous montrer que c'est bien elle qui est près de nous, elle, avec tout ce qui l'entoure à ce moment-là, ce qui frappe son oreille et distrait son attention), – détails de vérité, étrangers au sujet, inutiles en eux-mêmes, mais d'autant plus nécessaires à nous révéler toute l'évidence du miracle, – traits sobres et charmants de couleur locale, descriptifs de la rue et de la route provinciales sur lesquelles donne sa maison, et tels qu'en choisit un poète quand il veut, en faisant vivre un personnage, évoquer autour de lui son milieu.

C'est elle, c'est sa voix qui nous parle, qui est là. Mais comme elle est loin ! Que de fois je n'ai pu l'écouter sans angoisse, comme si devant cette impossibilité de voir, avant de longues heures de voyage, celle dont la voix était si près de mon oreille, je sentais mieux ce qu'il y a de décevant dans l'apparence du rapprochement le plus doux et à quelle distance nous pouvons être des choses aimées au moment où il semble que nous n'aurions qu'à étendre la main pour les retenir. Présence réelle – que cette voix si proche – dans la séparation effective. Mais anticipation aussi d'une séparation éternelle. Bien souvent, l'écoutant de la sorte, sans voir celle qui me parlait de si loin, il m'a semble que cette voix clamait des profondeurs d'où l'on ne remonte pas, et j'ai connu l'anxiété qui m'étreindrait un jour, quand une voix reviendrait ainsi, seule et ne tenant plus à un corps que je ne devais jamais revoir, murmurer à mon oreille des paroles que j'aurais voulu pouvoir embrasser au passage sur des lèvres à jamais en poussière...

Je disais qu'avant de nous décider à lire, nous cherchons à causer encore, à téléphoner, nous demandons numéro sur numéro. Mais parfois les Filles de la Nuit, les Messagères de la Parole, les Déesses sans visage, les capricieuses Gardiennes ne veulent ou ne peuvent nous ouvrir les portes de l'Invisible, le Mystère sollicité reste sourd, le vénérable inventeur de l'imprimerie et le jeune prince amateur de peinture impressionniste et chauffeur, – Gutenberg et Wagram ! – qu'elles invoquent inlassablement, laissent leurs supplications sans réponse ; alors, comme on ne peut pas faire de visites, comme on ne veut pas en recevoir, comme les demoiselles du téléphone ne nous donnent pas la communication, on se résigne à se taire, on lit.

Dans quelques semaines seulement on pourra lire le nouveau volume de vers de Madame de Noailles, *Les Éblouissements* (je ne sais si ce titre sera maintenu), encore supérieur à ces livres de génie : *Le Cœur innombrable* et *L'Ombre des jours* , vraiment égal, il me semble, aux *Feuilles d'automne* ou aux *Fleurs du mal* . En attendant, on pourrait lire cette exquise et pure *Margaret Ogilvy de Barrie* , traduite à merveille par R. d'Humières et qui n'est que la vie d'une paysanne racontée par un poète, son fils. Mais non ; du moment qu'on s'est résigné à lire, on choisit de préférence des livres comme les *Mémoires* de Mme de Boigne, des livres qui donnent l'illusion que l'on continue à faire des visites, à faire des visites aux gens à qui on n'avait pas pu en faire parce qu'on n'était pas encore né sous Louis XVI, et qui, du reste, ne vous changeront pas beaucoup de ceux que vous connaissez, parce qu'ils portent presque tous les mêmes noms qu'eux, leurs descendants et vos amis, lesquels, par une touchante courtoisie envers votre infirme mémoire, ont gardé les mêmes prénoms et s'appellent encore : Odon, Ghislain, Nivelon, Victurnien, Josselin, Léonor, Artus, Tucdual, Adhéaume ou Raynulphe. Beaux noms de baptême d'ailleurs, et dont on aurait tort de sourire ; ils viennent d'un passé si profond, que dans leur éclat insolite ils semblent étinceler mystérieusement, comme ces noms de prophètes et de saints qui s'inscrivent en abrégé dans les vitraux de nos cathédrales. Jehan, lui-même, quoique plus ressemblant à un prénom d'aujourd'hui, n'apparait-il pas inévitablement comme tracé en caractères gothiques sur un livre d'Heures par un pinceau trempé de pourpre, d'outremer ou d'azur ? Devant ces noms, le vulgaire redirait peut-être la chanson de Montmartre :

> *Bragance, on le connait ct'oiseau-là ;*
> *Faut-il que son orgueil soie profonde*
> *Pour s'être f… u un nom comme ça !*
> *Peut donc pas s'appeler comme tout le monde !*

Mais le poète, s'il est sincère, ne partage pas cette gaieté et, les yeux fixes sur le passé que ces noms lui découvrent, répondra avec Verlaine :

> *Je vois, j'entends beaucoup de choses*
> *Dans son nom Carlovingien*

Passé très vaste, peut-être. J'aimerais à penser que ces noms qui ne sont venus jusqu'à nous qu'en de si rares exemplaires, grâce à l'attachement aux traditions qu'ont certaines familles, furent autrefois des noms très répandus, – noms de vilains aussi bien que de nobles, – et qu'ainsi, à travers les tableaux naïvement coloriés de lanterne magique que nous présentent ces noms, ce n'est pas seulement le puissant seigneur à la barbe bleue ou sœur Anne en sa tour que nous apercevons, mais aussi le paysan penché sur l'herbe qui verdoie et les hommes d'armes chevauchant sur les routes qui poudroient du treizième siècle.

Sans doute bien souvent cette impression moyenâgeuse donnée par leurs noms ne résiste pas à la fréquentation de ceux qui les portent et qui n'en ont ni garde ni compris la poésie ; mais peut-on raisonnablement demander aux hommes de se montrer dignes de leur nom quand les choses les plus belles ont tant de peine à ne pas être inégales au leur, quand il n'est pas un pays, pas une cité, pas un fleuve dont la vue puisse assouvir le désir de rêve que son nom avait fait naitre en nous ? La sagesse serait de remplacer toutes les relations mondaines et beaucoup de voyages par la lecture de l'almanach de Gotha et de l'indicateur des chemins de fer...

Les mémoires de la fin du dix-huitième siècle et du commencement du dix-neuvième, comme ceux de la comtesse de Boigne, ont ceci d'émouvant qu'ils donnent à l'époque contemporaine, à nos jours vécus sans beauté, une perspective assez noble et assez mélancolique, en faisant d'eux comme le premier plan de l'Histoire. Ils nous permettent de passer aisément des personnes que nous avons rencontrées dans la vie – ou que nos parents ont connues – aux parents de ces personnes-là, qui eux-mêmes, auteurs ou personnages de ces mémoires, ont pu assister à la Révolution et voir passer Marie-Antoinette. De sorte que les gens que nous avons pu apercevoir ou connaître – les gens que nous avons vus avec les yeux de la chair – sont comme ces personnages en cire et grandeur nature qui, au premier plan des panoramas, foulant aux pieds de l'herbe vraie et levant en fait une canne achetée chez le marchand, semblent encore appartenir à la foule qui les regarde, et nous conduisent peu à peu à la toile peinte du fond, à qui ils donnent, grâce à des transitions habilement ménagées, l'apparence du relief, de la réalité et de la vie. C'est ainsi que cette Mme de Boigne, née d'Osmond, élevée, nous dit-elle, sur les genoux de Louis XVI et de Marie-Antoinette, j'ai vu bien souvent au bal, quand j'étais adolescent, sa nièce, la vieille duchesse de Maillé née d'Osmond, plus qu'octogénaire mais superbe encore sous ses cheveux gris qui relevés sur le front faisaient penser à la perruque à trois marteaux d'un président à mortier. Et je me souviens que mes parents ont bien souvent dîné avec le neveu de Mme de Boigne, M. d'Osmond, pour qui elle a écrit ces mémoires et dont j'ai trouvé la photographie dans leurs papiers avec beaucoup de lettres qu'il leur avait adressées. De sorte que mes premiers souvenirs de bal tenant d'un fil aux récits un peu plus vagues pour moi, mais encore bien réels, de mes parents, rejoignent par un lien déjà presque immatériel les souvenirs que Mme de Boigne avait gardés et nous conte des premières fêtes auxquelles elle assista : tout cela tissant une trame de frivolités, poétique pourtant, parce qu'elle finit en étoffe de songe, pont léger, jeté du présent jusqu'à un passé déjà lointain et qui unit, pour rendre plus vivante l'histoire, et presque historique la vie, la vie à l'histoire.

Hélas ! me voici arrivé à la troisième colonne de ce journal et je n'ai même pas encore commencé mon article. Il devait s'appeler : « Le snobisme et la postérité », je ne vais pas pouvoir lui laisser ce titre, puisque j'ai rempli toute la place qui m'avait été réservée sans vous dire encore un seul mot ni du snobisme ni de la postérité, deux personnes que vous pensiez sans doute ne devoir jamais être appelées à se rencontrer, pour le plus grand bonheur de la seconde, et au sujet desquelles je comptais vous soumettre quelques réflexions inspirées par la lecture des *Mémoires* de Mme de Boigne. Ce sera pour la prochaine fois. Et si alors quelqu'un des fantômes qui s'interposent sans cesse entre ma pensée et son objet, comme il arrive dans les rêves, vient encore solliciter mon attention et la détourner de ce que j'ai à vous dire, je l'écarterai comme Ulysse écartait de l'épée les ombres pressées autour de lui pour implorer une forme ou un tombeau.

Aujourd'hui je n'ai pas su résister à l'appel de ces visions que je voyais flotter, à mi-profondeur, dans la transparence de ma pensée. Et j'ai tenté sans succès ce que réussit si souvent le maître verrier quand il transportait et fixait ses songes, à la distance même où ils lui étaient apparus, entre deux eaux troublées de reflets sombres et roses, dans une manière translucide où parfois un rayon changeant, venu du cœur, pouvait leur faire croire qu'ils continuaient à se jouer au sein d'une pensée vivante. Telles les Néréides que le sculpteur antique avait ravies à la mer mais qui pouvaient s'y croire plongées encore, quand elles nageaient entre les vagues de marbre du bas-relief qui la figurait. J'ai eu tort. Je ne recommencerai pas. Je vous parlerai la prochaine fois du snobisme et de la postérité, sans détours. Et si quelque idée de traverse, si quelque indiscrète fantaisie, voulant se mêler de ce qui ne la regarde point, menace encore de nous interrompre, je la supplierai aussitôt de nous laisser tranquilles : « Nous causons, ne nous coupez pas, Mademoiselle ! »

Table des matières

Sur la lecture   7
Notes   52
Journées de lecture   60